AF313818

RATON
ET
ROSETTE,
OU
LA VENGEANCE INUTILE;
PARODIE
DE TITON ET L'AURORE;

*Représentée pour la premiere fois par les Comédiens
Italiens Ordinaires du Roi, le Mercredi
28 Mars 1753.*

TROISIÉME ÉDITION.

Le prix est de 30 sols avec les petits Airs.
La Musique des Vaudevilles & des Ariettes se vend
séparément 30 sols.

A PARIS,

Chez N. B. DUCHESNE, Libraire, rue S. Jacques,
au-dessous de la Fontaine S. Benoît,
au Temple du Goût.

M. DCC. LIX.

Avec Approbation & Privilége du Roi.

ACTEURS.

ROSETTE, *Jardiniere*, Me. Favart.

RATON, *Garçon de Ferme*, Mlle. Aftraudi.

PERRETTE, *Fermiere*, Mde. Deheffe.

GRINGOLE, *Meûnier*, M. Chanville.

ROBIN, Berger, *Perfonnage muet*.

JARDINIERS.

BOUQUETIERES.

MEUNIERS.

PAYSANS, PAYSANNES.

RATON ET ROSETTE,

OU

LA VENGEANCE INUTILE,

PARODIE

DE TITON ET L'AURORE.

Le Théâtre repréſente un Payſage, dont le fond eſt un Jardin ſur le penchant d'une Montagne, au pied de laquelle coule un Ruiſſeau formé par une ſource qui tombe en caſcade. Des Moulins ſont ſur l'aile droite, & une Ferme ſur l'aile gauche. La Lune acheve ſon cours.

SCENE PREMIERE.

RATON.

Air : *Il n'eſt point encor l'Aurore.*

QUe l'Aurore eſt loin encore !
J'attendrai longtems le jour.
Déjà l'ennui me dévore ;

A ij

Mais rêvons à mon amour.
Que l'Aurore est loin encore !
J'attendrai long-tems le jour.
  Air : *Ah ! que je me lasse d'être.*
Valet chez une Fermiere,
Moi, la fleur des beaux garçons,
J'ai long-tems gardé les moutons ;
Une riche Jardiniere
Enfin m'a donné son cœur,
Et c'est pour moi beaucoup d'honneur.
Hélas ! dès ce jour, peut-être,
L'Amour va me rendre maître
De son joli, joliet,
L'Amour me va rendre maître
De son joli jardinet.
  Même air.
Elle va bientôt paroître,
Pour embellir ce séjour ;
Elle se leve avant le jour.
C'est par ses soins qu'on voit naître
Le thim, le lys & l'œillet,
La violette & le muguet.
Chaque matin elle arrose,
Pour faire éclore la rose
Dans son joli, joliet,
Pour faire éclore la rose
Dans son joli jardinet.
Air : *Toujours seule, disoit Nina.*
Mais Rosette ne paroit pas,
  Et cela m'inquiette :
A son âge, avec tant d'appas,
  On peut être coquette ;

Et tandis qu'ici je l'attends,
Un Rival paſſe mieux ſon tems.
Mais quel éclat !
Le cœur me bat.
Ah ! la voilà , la voilà ,
Ah !

SCENE II.

Une ſimphonie annonce le lever de l'Aurore. On en-
tend enſuite le chant du coq , le ramage des oi-
ſeaux , & les cris des différens animaux qui peu-
plent une baſſe-cour. Roſette paroit ſur la Monta-
gne , deſcen l dans ſon Jardin , & arroſe ſes fleurs
au jour naiſſant.

RATON, ROSETTE.

ROSETTE, *arroſant ſes fleurs.*

Air : *Dans un bocage frais.*

A iij

Air : *L'Echo Italien.* Noté Nº. 1.

Quoi ! je suis ici seulette !

RATON, *caché derriere un arbre.*

Seulette !

ROSETTE.

Raton laisse ainsi Rosette !

RATON.

Rosette !

ROSETTE.

Oh ! oh !

C'est un écho. Echo.

RATON.

Echo.

ROSETTE.

Dis lui que je l'aime.

RATON.

Aime, aime.

ROSETTE.

Et ne répete nuit & jour
Qu'amour , amour, amour.

RATON.

Amour.

ROSETTE.

Amour.

RATON.

Amour.

ROSETTE, *appercevant* RATON.

Mais..... mais .... c'eſt Raton lui-même.

RATON , *ſe montrant.*

Lui-même.

ROSETTE.

Ah ! ma joie en eſt extrême.

RATON.

Extrême !

ROSETTE.

Oui , viens, tu combles mes deſirs.

RATON.

Vos deſirs !

Mon ardeur vous touche !

ROSETTE , *lui préſentant la main.*

Touche , touche ;
Et rends ta bouche
L'écho de mes ſoupirs , ſoupirs.

 RATON & ROSETTE,

RATON.

Soupirs.

ROSETTE.

Soupirs.

RATON.

Soupirs.

Air : *N'faut pas dir'ça, sont des sottises.*

RATON.

Air : *Que la Mariée est trop belle !*
Votre cœur doit être flatté
De ce sentiment qui le blesse ,
Il fait honneur à la beauté.

ROSETTE.

Mais, c'est offenser ma sagesse.

RATON.

Rosette, si j'en ai douté ,
Ce n'est que par délicatesse.

Air : *De tous les Capucins du Monde.*
C'est vous prouver que je vous aime.

ROSETTE.

Ce rafinement est extrême.
Au lieu de si bien raisonner ,
Sans y chercher tant de finesse ,
N'as-tu donc pas à me donner
D'autres preuves de ta tendresse ?

RATON.

Air : *Musette de M. Blaise.*
Jurez-moi ,
Mais de bonne foi ,

Puiſque ma tendreſſe
Vous intéreſſe ;
Jurez-moi ,
Mais de bonne foi ,
De m'aimer ſans ceſſe ,
Et de n'aimer rien que moi.

ROSETTE.

Air : *Votre cœur , aimable Aurore.*

De la flâme la plus pure
Je n'atteſte point les Cieux ;
Si ma bouche t'en aſſure ,
Mes regards l'expriment mieux ;
Leur tendreſſe te le jure ,
Mes ſermens ſont dans mes yeux.

RATON.

Même Air.

Sans le cœur de ce qu'on aime ,
De quel bien peut-on jouir ?
Dans tes yeux l'Amour lui-même
Peint l'yvreſſe du plaiſir ,
Et tu fais mon bien ſuprême ,
D'un regard & d'un ſoupir.

Air : *Ah ! je ne m'en ſouci' gueres.*

Mais le Meûnier Gringole ,
Sans ceſſe vous cajole.

ROSETTE.

On ſçait que je le hais.
Mais
De vous Perrette eſt folle.

RATON.

Je n'en fais aucun cas ;
Ah ! je ne m'en ſouci' pas.

PARODIE.

DUO,

De Mlle. la Guerre.

ROSETTE & RATON.

N'en faifons que ri - re,   re. Je
N'en faifons que ri - re,   re.
t'ai-me-rai tant; Je te le di- rai
Je t'ai- me- rai
tant, Et fi tendre- ment. Ma-main eft le
tant; Je te le di-rai tant, tant, tant, tant, tant, tant,
gage D'un amour conftant, Qu'un heureux mari-
Et fi tendre-   ment. Reçois l'hom-

a- ge Te ren- de con- tent. Je
mage D'un amour con- ftant. Et qu'un
t'ai- merai tant ; Je te le di- rai
doux mari- a- ge Me ren- de con-
tant, tant, tant, tant, tant, tant, tant ; Je
tent. Je t'ai- me- rai tant ; Je te
t'aime- rai tant ; Je te le di- rai
le di- rai tant, tant, tant, tant, tant, tant,

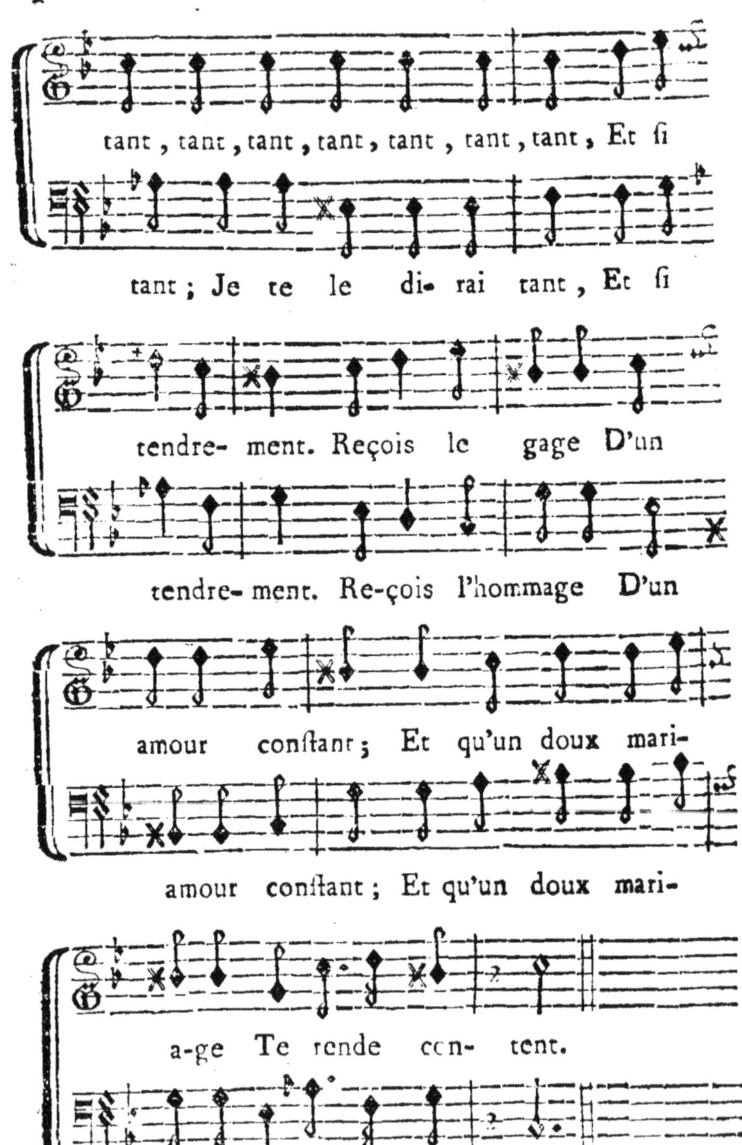

tant , tant , tant , tant , tant , tant , tant , Et si
tant ; Je te le di- rai tant , Et si
tendre- ment. Reçois le gage D'un
tendre- ment. Re-çois l'hommage D'un
amour constant ; Et qu'un doux mari-
amour constant ; Et qu'un doux mari-
a-ge Te rende con- tent.
a- ge Me rende con- tent.

RATON.

Air : *Prêt à danser.*

Qui vient nous interrompre ainsi ?

ROSETTE

Les Bouquetieres de la Ville
Viennent chercher des fleurs ici.

RATON.

Mais leur danse est fort inutile.

ROSETTE.

Pourquoi vous en embarrasser ?
Ici , sans se faire annoncer,
On vient danser ,
Se trémousser ;
On est toujours prêt à danser.

PREMIER DIVERTISSEMENT.

PREMIERE ENTRÉE.

Des Bouquetieres paroissent avec des corbeilles vuides.

SECONDE ENTRÉE.

Des Jardiniers viennent avec des fleurs , & remplissent les corbeilles.

PREMIER VAUDEVILLE. Noté. No. 1.

DES BOUQUETIERES.

PREMIER COUPLET.

Prenez de nos bouquets,
Ils sont tout frais ;

Prenez ma double violette.
Galants , voici pour vous
   Des œillets doux ;
Venez en faire emplette.
  (à RATON.)
Approchez , mon beau garçon ,
De nous achetez donc
Quelque fleurette :
La rose & l'bouton
   D'amourette ,
La rose & l'bouton.
   I I.
Venez & m'écoutez ,
   Jeunes Beautés
Qui vous plaisez au jardinage :
Veillez avec grand soin ;
   Chassez au loin
Le papillon volage.
Profitez de ma leçon ,
Et craignez le frélon ,
Qui toujours guette
La rose & l'bouton
   D'amourette ,
La rose & l'bouton.
   I I I.
Fermez votre jardin.
  L'Amour malin
Des roses feroit un pillage.
C'est un un méchant enfant ;
   Il est content
S'il cause du dommage,
Il enjole la raison ,

Et

Et le fripon
Cueille en cachette
La rofe & l'bouton
D'amourette ;
La rofe & l'bouton.

I V.

Richeffes du Printems ,
Pour les Amans ,
Naiffez , empreffez-vous d'éclore ,
Brilléz en ce féjour ,
Que de l'Amour
La flâme vous colore :
Une fleur eft un beau don ;
Dans la verte faifon ,
Chacun fouhaite
La rofe & l'bouton
D'amourette ,
La rofe & l'bouton.

ROSETTE *à RATON.*

Je t'aime fans détours ,
Et pour toujours ;
Mon amitié n'eft point légere ,
Elle a plus de fraicheur
Que cette fleur ,
Et n'eft point paffagere.
Cher Amant , je t'en fais don.
(En lui préfentant un Bouquet.)
Reçois auffi , Raton ,
De ta Rofette ,
La rofe & l'bouton
D'amourette ,
La rofe & l'bouton.   *(On danfe.)*

B

SCENE III.

GRINGOLE, RATON, ROSETTE, JARDINIERS & BOUQUETIERES.

GRINGOLE, *à la fenêtre du moulin.*

Air : *J'ai fait jouer un bal, mon Cousin.*

(Les Jardiniers & les Bouquetieres se retirent.)

SCENE IV.
ROSETTE, RATON.
RATON.

Air : *La Ménagere.*

ROSETTE, il ne fait pas bon pour nous,
Je tremble, je tremble.
ROSETTE.
Gringole est en courroux,
Sauvons-nous ensemble.   *(bis.)*
RATON.
Gringole est en courroux,
Sauvons-nous ensemble ;
Je crains les coups.

SCENE V.
GRINGOLE.

Air : *C'est la Servante de chez nous.*

ILs se font tous enfuis de peur,
En me voyant paroître ;
Ce qui redouble ma fureur,
J'ai vû par ma fenêtre,
J'ai vû Rosette avec Raton....
Oh ! oh ! oh oh ! oh ! j'en aurai raison ;
Parsanguenne, me prend-t-on
Pour un oison ?   *(bis.)*

B ij

SCENE VI.
PERRETTE, GRINGOLE.

Suite de l'air précédent.

PERRETTE, *sortant de GRINGOLE, conti-*
la Ferme, effrayée. *nuant.*

Qu'avez-vous donc ?   Jarnicoton !
Qu'avez-vous donc ?   Jarnicoton !

PERRETTE.
Le feu prend-t-il à la maison ?

ENSEMBLE.
Oh ! oh ! oh ! oh ! oh ! Ah ! ah ! ah ! ah ! ah !

GRINGOLE.
Commere, ça vous surprendra ;
J'vas vous dire ça,
J'vas vous dire ça.

Air : *Connoissez-vous Marotte.*

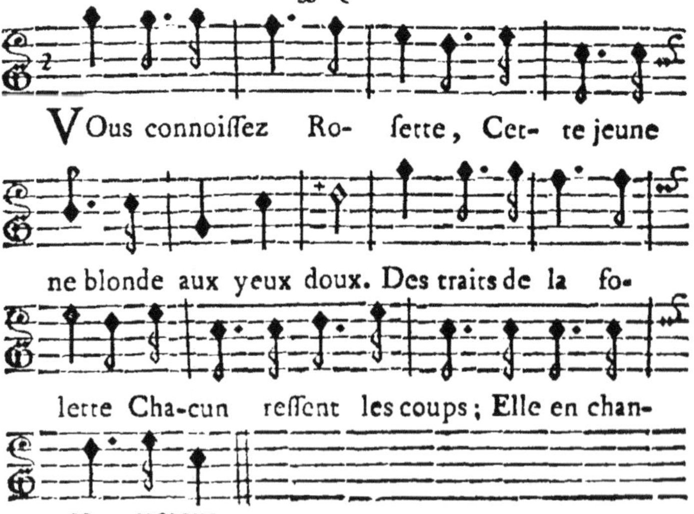

Air : *Je suis, je suis malade d'amour.*

JE ne songeois qu'à vol-ti-ger, Toujours d'hu-

meur coquet- te ; Mais qui peut voir sans s'enga-

ger Fil-let-te si jo-li-et- te. Pour ses ap-

pas Je meurs, he- las !

Air : *Quand tous les gueux dansent.*

AH ! qu'elle est lu- tine ! C'est un p'tit thré-

sor, un p'tit bi- jou, Qui me rend fou. Fringante

& ba- di- ne.

B iij

Air : *Mon cher Dorante.*

MAis quel mar- tire ! En prenant des airs pincés,

Quand j'l'approche a'n'tait que m'dire : Ah ! Mon-

fieur , vous me laf- fez , C'eft af- fez; Je n'veux pas

rire ; Oh ! fi- nif- fez , Monfieur , fi -nif- fez.

Air : *La Pandoure.*

CEtte jeu-ne Jardi- niere Fait avec

moi trop la fiere. Mais nous allons voir beau

jeu , Morbleu ! J'mets à part Tout é- gard ; Car

Perrette.   Gringole.   Perrette.

Gringole.

PERRETTE.

Air : *Fille qui paſſez par ici.*

Tout doux, ne vous échauffez point,
Vous en aurez vengeance :
Vous ne ſçavez pas à quel point
Je prends part à l'offenſe.

GRINGOLE.

Air : *Netto, netto.* Noté. No. 2.

Comme une boule
Qui roule,
Mes amours
Prenoient leur cours ;
J'étois au but,
Raton parut,
Plut,
Et je fus par ce freluquet
Dégoté net, tout net, tout net.

PERRETTE.

En effet, c'eſt fort mal fait,

B iv

(*En'emble.*) Fort mal fait.   (*bis.*)

GRINGOLE.

Dégoté net, tout net, tout net.

PERRETTE.

En effet, c'est fort mal fait,

(*Ensemble.*) Fort mal fait.   (*bis.*)

GRINGOLE.

Air : *Contredanse de la Chercheuse d'esprit.*

Bel- le. Sans té- moin, Il ba-bille avec elle,

Et sans fin Leur pe-tit ca- quet De mon mou-

lin I- mite le cli- quet. Ta-ti-ta , Ta- ti-ta-ta ,

Ah ! comme il va ! Quand je reviens , Ils parlent bas,

En s'pouffant le bras. Tout à l'heure ,

Si j'vous ments, que j'meure, Il é- toit a-

vec Rofet- te bec à bec. J'en frif- fonne ;

Air : *Ah ! ah ! venez-y toutes.*
D'un Rival qui me fâche,
Terminons le destin,
Tiquetin.
Je veux que l'on l'attache
Aux aîles du moulin,
Tique, taque, tiquetin.
Ah ! ah ! ah !....

PERRETTE.

Laissez-moi faire :
Il est pour votre bien,
Compere,
Un plus sûr moyen.
Air : *De mon pot je vous en réponds.*
Si vous faites le brutal,
Vous agirez fort mal :
Enlevons Raton à Rosette,
Tenons-le dans quelque cachette,
Je sçaurai, je vous en répond,
Le mettre à la raison.

GRINGOLE, *à ses Garçons.*

Air : *Il étoit un moine blanc.*
Allez tous chercher Raton,
Enlevez-moi ce fripon :

Dans une chambre fecrette ,
Qu'on l'enferme chez Perrette.
　　　　　　(Les Garçons partent.)
　　Air : *Un peu de tricherie.*
Ah ! la bonne pâte de femme !
Quoi ? vous voulez fervir ma flamme ?
　　PERRETTE, *à part.*
　　Eh ! bon ! bon ! bon !
　　Je t'en répond.
　　GRINGOLE.
J'approuve votre ftartagême.
　　PERRETTE.
J'agirai comme pour moi-même.
　　ENSEMBLE.
　Et zon , zon , zon.
Ah ! ah ! voyez donc !
　Un peu de tricherie ,
　　Dans la vie ,
Eft toujours de faifon.
　　GRINGOLE.
Air : *Beau Marinier , beau Marinier.*
　Je me fie à vous tout de bon ;
　Vous paroiffez en fçavoir long.
　　PERRETTE, *à part.*
Le courroux de Gringole agit ,
Et je le tourne à mon profit.
　　GRINGOLE.
　　Air : *Branle de Metz.*
Allez , Commere Perrette ,
Faire un tour à vot' maifon.
　　PERRETTE.
Oui , votre confeil eft bon.
Tâchez d'appaifer Rofette ,

Prenez part à sa douleur,
C'est une bonne recette;
Un ami consolateur
Est bientôt amant vainqueur.

(*Elle rentre chez elle.*)

SCENE VII.
GRINGOLE.

Air : *La Frayoletta.* Noté No. 3.

QU'ELLE est gentille,
Ma jeune Jardiniere!
En elle brille
La beauté printanniere.
Ah! quelle grace!
Rien ne l'efface :
Quand je l'apperçois,
Quand j'entends sa voix,
Je sens la flâme
Agiter mon cœur
Avec tant d'ardeur,
Que je me pâme;
Je me sens ravir
De plaisir.
Les fleurs de prairie
N'ont point sa fraîcheur,
L'épine fleurie
N'a point sa blancheur.
Tant que je vivrai;
J'aimerai,
Chérirai
Sa légereté;

Sa beauté,
Sa gaité.
Elle babille,
Hem ! Elle fautille,
Ah ! Qu'elle a d'appas !
C'eft fur fes pas
Qu'on voit éclore
Des fleurs tous les jours :
Mais moins encore
De fleurs que d'amours.
De fa rigueur
Si je fuis vainqueur,
Dès le matin
Cultivant fon jardin,
Tout à loifir
Je pourrai cueillir
Les rofes, les lys,
Et cent baifers jolis.

'Air de M. Guerin : *En riant, en badinant.* **Noté**
à la fin des *Vaudevilles.*

J'allons voir en dandinant
Si j'varrons Rofette,
Et fi j'pourrons en badinant
Lui parler d'amourette.
D'abord j'irons bonnement,
J'aurons la meine doucette
En renard qui finement
Cherche à croquer la poulette.
Agiffons tout bellement,
J'apperçois Rofette :
J'vais guetter le bon moment
D'enjoler la fillette.
(*Il fe retire dans le fond du Théâtre*
pour obferver Rofette.

SCENE VIII.
ROSETTE, GRINGOLE.
ROSETTE.

Air : *Si raviva.* Noté Nº. 4.

Hélas ! je perds
L'objet de ma flâme :
Ce triste revers
Perce mon ame.
Momens trop flatteurs !
J'allois être sa femme.
Coulez, coulez mes pleurs,
Ah ! je me meurs,
Ah ! ah ! ah !
Mon cœur s'en va.
J'allois jouir
D'un bien suprême.
On m'a sçû ravir
Tout ce que j'aime, tout ce que j'aime,
Quel retour
Pour le plus tendre amour !
Peut-on me jouer ce tour-là,
Ce tour-là ;
Rosette en mourra.
Ah ! ah ! ah ! ah ! &c.
Rosette en mourra.

GRINGOLE, *s'approchant de Rosette d'un air*
de compassion.

Air : *Pauv' Petite.*

Belle Rosette,
Je plains votre tourment,
Et je regrette
De bon cœur votre Amant ;
Il avoit du mérite,
Et biaucoup d'amitié.
Ah ! pauv' petite !
Vot' malheur excite
Ma pitié.

ROSETTE.

Air : *Du Devin de Village.*

J'ai perdu tout mon bonheur,
On a pris mon serviteur.
O sort trop funeste !
Que l'on m'ôte tout mon bien ;
Je ne regretterai rien,
Non rien, non rien,
Non rien.
Que l'on m'ôte tout mon bien ;
Je ne regretterai rien,
Si Raton me reste.   (*bis.*)
J'ai perdu tout mon bonheur,
On a pris mon serviteur,

O fort trop funefte !
O fort trop funefte !
GRINGOLE.

Air : *Si des Galans de la Ville.*

Perdre un amoureux fi tendre !
Ça caufe bien d'la douleur ;
Mais morgué, j'pourrons vous rendre
Toute votre belle humeur.
ROSETTE.
Quelle flatteufe efpérance
Faites-vous naître en mon cœur !
Hélas ! loin de fa préfence,
Je vais mourir en langueur.
GRINGOLE.
Votre petit cœur murmure ;
Mais pour guérir fon tourment,
La recette la plus fûre ,
C'eft de faire un autre Amant.

Air : *Les Capucins de Meudon.*

Ma Pouponne ,
Donne-moi ton cœur :
Ta mine friponne
Dément ta rigueur.
Allons , donne ,
Donne-moi ton cœur ;
Laiffe-moi, mignonne ,
Faire ton bonheur.

T'as

T'as biau dire,
T'aime à rire,
Je fçais lire
Dans tes yeux.
Si t'es lefte,
Malepefte,
Je fuis prefte,
Et toujours joyeux.

✻

Ma Poupone,
Donne-moi ton cœur ;
Ta mine friponne
Dément ta rigueur.

✻

Que la gêne,
Que la peine
Soit pour les Amans tranfis ;
J'ons l'allure,
L'encollure
D'un gaillard qui n'a point de foucis.

✻

Allons, donne,
Donne-moi ton cœur,
Laiffe-moi, mignonne,
Faire ton bonheur.

ROSETTE.

Ariette : *Spera forfan ch' un di.* Notée Nº. 5.

Moderez ce tranfport.
GRINGOLE.
Bon ! les abfens ont tort.

ROSETTE.

On doit jusqu'à la mort
Etre fidele.

GRINGOLE.

Oh ! oh ! quels amours conſtans
En eſt-ce encore le tems ?

ROSETTE.

Oui, j'aime pour jamais.

GRINGOLE.

Que ces nœuds ſont parfaits !
Mais
Il eſt doux d'en changer.

ROSETTE.

Mon cœur n'eſt point léger.

GRINGOLE.

Bagatelle !
Ce n'eſt qu'un jargon.

ROSETTE.

Pour qui me prend-on ?

GRINGOLE.

D'abord on dit, non ;
Enſuite on dit, bon !

ROSETTE.

Non, non.

GRINGOLE.

Bon ! bon !

ROSETTE.

Non, non.

GRINGOLE

Prr, direz vous toujours, non ?

ROSETTE, *à part.*

Ah ! qu'il excite ma haine !

(à Gringole.)
Vous redoublez ma peine.
GRINGOLE.
L'Amour l'a fçu caufer,
L'Amour va l'appaifer.
ROSETTE.
Rien ne pourra brifer
Une fi belle chaîne ;
Toujours, toujours,
On verra durer toujours mes amours.
GRINGOLE.
Quoi ! toujours ?
ROSETTE.
Oui, toujours.
GRINGOLE.
Vous ferez donc dupe en amours
Toujours.
ROSETTE.
On les verra durer toujours.
GRINGOLE.
Air : *Quand on a bû, la tête tourne.*
Autour de vous, je tourne, tourne, tourne, tourne ;
Depuis l'aurore jufqu'au foir :
Toute la nuit je tourne, tourne, tourne.
Quel tourment de ne pas vous voir !
Pour vous, Rofette, la tête me tourne ;
N'obtiendrai-je rien ?
Hélas ! fur moi, qu'un doux regard fe tourne ;
Et tout va tourner à bien.
ROSETTE.
Air : *Filles de la Tourelle.*
Votre amour me prépare

Mille tourmens nouveaux ;
Ne croyez point , barbare ,
Insulter à mes maux :
En vain on me separe
De mon fidele ami ,
Un jour viendra....

GRINGOLE.

Tarare !
La Belle , il est parti ,
Pour Mississipy.

ROSETTE.

Air : *Baise-moi donc , me disoit Blaise.*

O désespoir ! pauvre Rosette !

GRINGOLE.

C'est un valet que Rosette regrette.

ROSETTE.

J'aime autant ce simple valet ,
Que je te hais & te déteste.
(Elle s'en va.)

GRINGOLE.

C'est parler net ,
V'là mon paquet :
Je ne demande point mon reste.

SCENE IX.

PERRETTE, GRINGOLE.

PERRETTE.

Air : *Vieillards de Thésée.*

Etes-vous d'une humeur guillerette ?
Le cœur de Rosette
S'est-il rendu ?

GRINGOLE.

Vraiment voire , commere.

PERRETTE.

Qu'il est en colere !

GRINGOLE.

C'est autant d'amour perdu.
Je devois attendre ,
Pour la rendre tendre ,
De plus doux instans ;
Car je ne pouvois prendre
Plus mal mon tems.

Air : *Mon pere a fait bâtir maison.*

Mais j'allons faire ici du train ;
Garçons Meûniers , sortez du Moulin.
Un Rival a sçû m'outrager ,
Pour m'en venger ,
Accourez tous ;
Qu'il expire sous vos coups ,
Accourez tous ,
Accourez tous.

C iij

SCENE X.

GRINGOLE; PERRETTE; LES GARÇONS MEUNIERS.

AIR : *J'aurai une robe.*

GRINGOLE ET DEUX MEUNIERS
chantent cet Air en CANON.

{ SEcondez ma \
{ Secondons fa } rage.

Ventrebleu, \
Têtebleu,

{ Faites \
{ Faisons } ravage,

Dans le Village.

{ Mettez- \
{ Mettons- } y le feu.

GRINGOLE

Air : *Un jour de Dimanche après Vêpres.*

Qu'à ma fureur chacun réponde, \
Je veux m'en prendre à tout le monde; \
Tout va trembler à nos éclats, \
Ah ! ah, ah ! ah ! ah ! ah ! ah ! ah !

*(Gringole & les Meûniers font \
plusieurs gestes ridicules.)*

Faisons tretous un grand fracas, \
Ah ! ah ! ah ! ah ! ah ! ah ! ah ! ah !

PERRETTE.

Air : *Va, tu as raison, la Tulipe.*
Eh ! pourquoi donc tout ce tapage ?
Votre tendreſſe a du deſſous ;
　　Mais devons-nous
　　　　En pâtir tous ?
Faut-il cauſer un grand ravage,
Pour perdre un Valet importun ?
Cela n'a pas le ſens commun.

GRINGOLE.

Air : *Vous avez raiſon, la Plante.*
Vous avez raiſon, Perrette ;
　　Raton ſeul en pâtira,
　　　　Périra :
Qu'en mes mains on le remette,
　Et mon bras l'étrillera.

PERRETTE.

　　Larira,
　Fiez-vous à Perrette ;
　Renvoyez ces gens-là.

GRINGOLE, *après avoir fait ſigne à ſes gens de ſe retirer.*

Air : *Je l'aime, je l'aime.*

Mais vous ſemblez le protéger.

PERRETTE.

Non, non, je veux vous obliger :
Mais laiſſez-moi le corriger :
　Je l'aime, je l'aime.
Qui pourroit vous venger,
Mieux que moi-même ?

GRINGOLE.

Air : *La dondon, dondaine.*
Tâchez donc de la gagner.

PERRETTE.

Ne vous mettez pas en peine;
Je ne vais rien épargner.
Par mon ordre on me l'amene.

GRINGOLE.

Je vous laiffe avec Raton,
Ne faites pas l'inhumaine,
Ma dondon, dondaine,
Ma dondon, dondon.

SCENE XI.

PERRETTE, RATON, *conduit par* ROBIN, & *d'autres Valets armés.*

PERRETTE.

Air : *Il eft certain petit moment.*

Viens çà, mon cher,
Prendre un peu l'air;
Franchement,
Ton tourment
Me chagrine.

RATON.

Pourquoi chez vous
M'enfermez-vous?

PERRETTE.

Ton Rival
Veut te faire du mal.

RATON.

Ah ! qu'elle est fine !
Je la devine.

PERRETTE.

Ton triste sort
Me touche fort ;
La pitié
Fait naître l'amitié.

RATON, *à part.*

Et zon , zon , zon !
Le prétexte est bon !
J'en crois mieux
Et ses yeux
Et sa mine ;
Dans sa maison,
Tenir en prison
Un garçon ?
Ce n'est pas sans raison.

PERRETTE.

Air : *Il y a tant de gens de bien.*
Ah ! que tu devines bien !
Mais voilà ma fête
Prête ;
Pour animer l'entretien
C'est vraiment un bon moyen.

RATON , *sur le ton du dernier Vers.*
Qui ne va mener à rien.

XXXXXXXXXXXXXXXXXXXXXXXXXXXXXXXX

SECOND DIVERTISSEMENT.

ENTRÉE des Garçons & Servantes de la Ferme.

PERRETTE, *à ses Servantes & Valets.*

Air : *Tortillez les jambes.*

ÇA, mes enfans, montrez-vous tous ingambes,
Tortillez les jambes.
Ma foi, rien n'est tel
Pour vaincre un cœur cruel.
Danſez,
Chantez,
Pour le rendre infidele ;
(*Montrant Raton.*)
S'il change de Belle,
Sans doute, à mon tour,
Il me fera la cour. (*On danſe.*)
RONDE *chantée par un Payſan..*

I. COUPLET.

I I.
À tout vent la girouette
Et les afles du moulin,
Font toujours la pirouette,
En tournant, tournant fans fin.

Dans la pente,
L'eau serpente,
Et fait cent tours differens.
On voit d'une inconstance extrême
Les Zéphirs voltigeans ;
Si l'Papillon,
L'Hirondelle,
La Leune,
La pluye & l'biau tems ;
Les ruisseaux,
Les oiseaux,
Les moulins,
La girouette,
Les vents
Sont changeans ;
Il faut changer de même.

TOUS.

Il faut changer de même.

RATON.

III.

Les Rochers de ce rivage
N'ont jamais changé d'endroits,
Et les clochers du village
Restent toujours sur leurs toits ;
Ces montagnes,
Ces campagnes
Sont là depuis fort longtems :
Cette source toujours la même,
Va remplir ces étangs.
Si les rochers,
Les clochers,
Les ruisseaux, les étangs

Sont conſtans ;
Je ſuis conſtant de même.   *(bis.)*
I V.
Le ſoleil autour du Monde
N'a jamais ceſſé ſon cours ;
Ainſi charmé de ma blonde ,
Je veux la ſuivre toujours.
La fidelle
Tourterelle
Sert d'exemple aux vrais Amans ;
Ce lierre à l'ormeau qu'il aime ,
S'eſt uni dès longtems :
Si le Soleil ,
Les ormeaux ,
Les ruiſſeaux ,
Les clochers ,
Les rochers ,
Les Vallons ,
Et les Monts ,
Dans nos champs ,
Sont conſtans ;
Je ſuis conſtant de même.   *(bis.)*

PERRETTE, à RATON.

AIR : *Mon p'tit cœur , vous n'm'aimez gueres.*
Vous n'êtes donc point flatté
De cette fête légere ?
RATON.
Non , Madame , en vérité.
PERRETTE.
Vous paroiſſez en colere.
RATON.
De tout cela je ſuis las.

PERRETTE.

Mon p'tit cœur, vous n'maimez guere ,
Mon balet n'vous touche pas.
Hélas !
Vous n'm'aimez pas.

RATON.

Air : *Il ne faut jurer de rien.*

Franchement, vous n'avez fait ,
Dans cette inutile fête ,
Qu'un éclat fort indiscret ,
Qui plus est , fort malhonnête.

PERRETTE.

Il est vrai , conduisons-nous mieux ;
Essayons d'un tête-à-tête.
(*Elle renvoye ses gens.*)
Que mes gens sortent de ces lieux ;
Les témoins sont ennuyeux.

SCENE XII.

RATON, PERRETTE.

PERRETTE.

Air : *Je n'irai plus seulette au bois.*

TU peux t'expliquer clairement ;
Je t'ai choisi pour mon Amant ;
A mes vœux répond sans façon,
Mon p'tit Raton ,
Mon p'tit mignon.

RATON.

Arrêtez-vous donc, finiſſez donc,
Laiſſez-moi là ;
En agit-on comme cela ?
Air : *Si l'on n'me donn' ce Garçon-là.*
Songez à la bienſéance.

PERRETTE.

Oh ! je m'en diſpenſe.
Mais que vient-il nous conter là ?
En ai-je moins qu'à l'Opéra ?
Air : *Je ſuis Madelon Friquet.*
Je ſuis Madelon Friquet,
Si l'on s'en choque,
Je m'en moque,
Je ſuis Madelon Friquet,
Et je me moque du caquet.

RATON.

Air : *Que de bi , que de bariolet.*
O Dieu, qu'elle m'ennuye !

PERRETTE.

Ne ſongeons qu'à nous réjouir.

RATON.

Oh ! rendez-moi ma mie ,
Ou laiſſez moi mourir.

PERRETTE.

Air , *Vivons pour ces Fillettes.*
Roſette a fait un autre choix,
Et l'on te triche en tapinois.

RATON.

Air : *Non , non , Colette n'eſt point trompeuſe.*
Non, non, Roſette n'eſt point trompeuſe.
Que votre eſprit eſt ruſé !

A part, Bon! bon! Perrette est une menteuse.
à Perrette.   Ce détour est trop usé.   (*bis.*)
> Si Rosette étoit coquette,
> Cela seroit bien fâcheux;
> Mais les amours de Perrette
> N'en iroient pas beaucoup mieux.

Non, non, &c.

PERRETTE.

Air : *Maître d'un joli jardinet.*
> Eh! quoi! ton cœur est sans pitié
> Pour l'amitié
> La plus forte ?
> Tu sçais que j'ai beaucoup de bien.

RATON.

> Hé! bien, hé! bien,
> Que m'importe ?

PERRETTE.

Allons au fait , dis-moi.

RATON.

Quoi ?

> Dieux ! quel martyre !

PERRETTE.

Veux-tu de moi , Raton ?

RATON.

Non.

C'est tout vous dire.

PERRETTE.

Air : *Tout roule aujourd'hui dans le Monde.*
> Que cette constance est parfaite !

A part , à Raton.
> Quoi ! j'en aurai le démenti !
> Sois donc le mari de Rosette ;

J'y

J'y confens, je prends mon parti.
Va la chercher & lui prodigue
Les foins, les tranfports les plus doux ;
Mais comme le chagrin fatigue,
(*Au Berger Robin.*)
Robin, qu'il boive un coup chez nous.
(Elle parle à l'oreille de Raton.

SCENE XIV.

GRINGOLE, PERRETTE.

GRINGOLE.

Air : *Tandis que nous fommes.*

HÉ ! bien, ma Commere ;
Comment vous en va ?

PERRETTE.
C'eft Rofette qu'il préfere.

GRINGOLE.
Et vous fouffrirez cela ?

Air : *Modérez-vous, Cadet.*

Vengeons nos cœurs jaloux ;
Vengeons-nous, vengeons-nous.

PERRETTE.
Sans ceffe il le répete ;
Allez, raffurez vous :
Je veux dans mon courroux
Qu'il époufe Rofette.

D

GRINGOLE, *fur le ton du dernier vers.*
Y penfez-vous, Perrette ?

PERRETTE.

Air : *Je voudrois bien me marier.*
Oui, par mon ordre, en ce moment,
On avertit la Belle
Qu'on va lui rendre fon amant.
GRINGOLE.
Pardez-vous la çarvelle ?
PERRETTE.

Air : *Il eft mort : non, c'eft qu'il dort.*

J'ai prévenu votre vengeance,
L'ingrat méprife mes attraits.
Excufe-t-on pareille offenfe ?
De ma rage il fent les effets.
(*On apporte Raton endormi.*)
Regardez.
GRINGOLE.
Il eft mort !
PERRETTE.
Non, c'eft qu'il dort.
Il dormira longtems, je vous le jure.
Dors, dors, dors, pour venger mon injure ;
Dors, pour venger mon injure.

Air : *Pour voir un peu comment ça f'ra.*

Certain breuvage de pavot
Va pour toujours glacer fon ame ;
Il dormira comme un fabot,
En dépit de fa chere femme.

GRINGOLE.

Par la morguenne, il eſt bon là.
Voyons un peu comment ça f'ra.

ENSEMBLE.

Air : *Trois petits couteaux*, &c.

Qu'il eſt doux d'exercer ſa haine !
Farlarira, larira, dondaine.

PERRETTE.

Roſette, viens chercher Raton.

ENSEMBLE

Farlarira dondon, dondon, dondaine,
Farlarira dondon.

GRINGOLE.

Air : *A ſa Voiſine.*

On a cent fois plus de plaiſir
A venger ſa tendreſſe,
Qu'on n'en peut jamais reſſentir
Dans l'amoureuſe yvreſſe.
Ma Commere, qu'en dites-vous ?

PERRETTE.

Différemment je penſe :
Je trouve l'amour bien plus doux
Que la vengeance.

SCENE XIV.

RATON, *se réveillant.*

Air : *Des Trembleurs.*

CIEL ! où suis-je ? Je friſſonne.
Quel nuage m'environne !
Ah ! la force m'abandonne.
Quel cruel revers m'abbat !
Seroit-ce un tour de Perrette ?
Dieux ! quelle langueur ſecrette !
Pourrai-je aux yeux de Roſette
M'offrir en ce triſte état.

SCENE XV.

ROSETTE, RATON.

ROSETTE.

Air : *Ah ! Thomas , réveille , réveille.*

Ah ! Raton , réveille , réveille ,
Ah ! Raton , réveille-toi.
En ce jour tu vas être à moi.

D iij

Eh ! Raton , Raton.
Ah ! Raton , réveille , réveille,
Ah ! Raton , réveille-toi.
Air : *Je sommeille.*
Il dort encor plus fort , je crois.
Hélas ! n'entends-tu pas ma voix ?

RATON.

Je sommeille.

ROSETTE.

Tu prends bien ton tems pour dormir !
Viens livrer ton ame au plaisir ;
Qu'il te réveille.

RATON.

Air : *Je crois , Lison.*

Ah ! quel chagrin !
Robin, ce Berger malin,
En me versant du vin ,
A fait un sortilége.

ROSETTE.

Que dis-tu donc ?

RATON.

J'aurai pris quelque poison.
Vous le dirai-je ?
Mon cœur est comme un glaçon.
Charmé de nos nœuds ,
Mes feux
Faisoient mon bien suprême ;
Mais à tant d'ardeur
Succede la froideur.

ROSETTE.

Reprends tes esprits ;

Mon fils,
Tu sçais combien je t'aime.
RATON.
C'est quelque jaloux
Qui jette un sort sur nous.
Je m'affoiblis,
Malgré moi je m'assoupis ;
De mes sens dépéris
A peine ai-je l'usage.
ROSETTE.
Je vous plains fort....
En me parlant, il s'endort.
Ah ! quel dommage !
C'est un sort,
Il n'a pas tort.
Air : *Dieu bénisse le Roi Jacques.*
Cette indolence est unique :
Quel rôle pour un Amant !
Un sommeil si léthargique
Refroidit le denouement.
Allons, allons gay , gay ,
Allons, allons gayement.
Air : *Gentille Pélerine.*
Au mal qui te possede
N'est-il point de remede ?
Qu'Amour vienne à notre aide,
Ainsi qu'à l'Opera.
RATON.
C'est vous que je reclame.
ROSETTE.
Va , je serai ta femme.
S'il suffit de ma flamme,
D iv

Regarde-moi.

RATON.

Oui-dà,
Je sens cela
Propre au mal qui me tient là.
Air : *Quand on sçait aimer & plaire.*
Mon ardeur naît de la tienne,
En dépit des envieux.
Est-il un charme qui tienne
Contre celui de tes yeux ?

Comme on voit la fleur renaître,
Après les cruels hyvers,
Mon cœur prend un nouvel être,
Après mille maux soufferts.

Mon ardeur naît de la tienne,
En dépit des envieux.
Est-il un charme qui tienne
Contre celui de tes yeux ?

Ah ! Rosette fixe encore
Sur moi ce regard charmant.
Un plus beau jour semble éclore ;
L'Amour te rend ton Amant.

ENSEMBLE.

L'Amour ⎰ te ⎱ rend ⎰ ton ⎱ Amant.
         ⎱ me ⎰   ⎱ mon ⎰
C'est en vain que l'on s'oppose
Aux vœux d'un cœur bien épris ;
Des tourmens que l'Amour cause,
L'Amour lui-même est le prix.

ROSETTE.

Air : *Il n'eſt pire eau que l'eau qui dort.*

Ne craignons plus Perrette , ni Gringole.
A nos tranſports nous pouvons nous livrer.
Ils ont chacun fait un ſi mauvais rôle ,
   Qu'ils n'oſeront plus ſe montrer.
    Air : *Ma Maitreſſe eſt une bionde.*
    Çà , qu'une danſe légere
    Te réveille tout-à-fait ;
    Du breuvage ſomnifere
    Elle détruira l'effet :
      Et ziſte , zeſte ,
      Leſte , preſte ,
    Il faut faire un ſaut.
    La danſe eſt tant à la mode , *
    Que partout on s'en accommode.
    C'eſt le remede qu'il te faut.
    Air : *Mon Mignon , tout de bon.*
Ne ſongeons plus qu'à nous unir ,
   Des Méneſtriers vont venir ;
   Car je les ai fait retenir :
   Ils vont faire merveille.
    E N S E M B L E.
    Les voilà.
    Ah ! déjà

Ton   }
Mon } cœur ſe réveille.

              (On danſe.)

---

* La danſe étoit alors une fureur à tous les Théâtres , &
l'on donnoit des Balets aux François après *Atrée* & *Thyeſle.*

DIVERTISSEMENT.

RONDE,

Chantée par ROSETTE.

Saison des plaisirs charmants,
Et des tendres fleurettes,
Tu rends joyeux les Amants,
Les filles guillerettes :
Joli mois de mai,
Que tu nous rends le cœur gai !

C'est toi qui fais reverdir
L'herbette joliette,
Et qui fais épanouir
Le cœur d'une Brunette :
Joli mois de mai,
Que tu nous rends le cœur gai !

C'est toi qui fais soupirer
L'innocente fillette :
C'est toi qui fais désirer
Le doux prix d'amourette :
Joli mois de Mai
Que tu nous rends le cœur gai !

D'un hyver plein de rigueurs,
C'est toi qui fonds la glace.

Si l'Amour a des froideurs,
Que ton retour les chasse :
Joli mois de Mai,
Rends-nous, rends-nous le cœur gai.

Tu ranimes les couleurs
De la brillante Aurore ;
Ranime aussi les ardeurs
De l'Amant que j'adore :
Joli mois de Mai,
Rends-lui, rends-lui le cœur gai.

ARIETTE de la Serv. Pad. *E mi par' che già.*

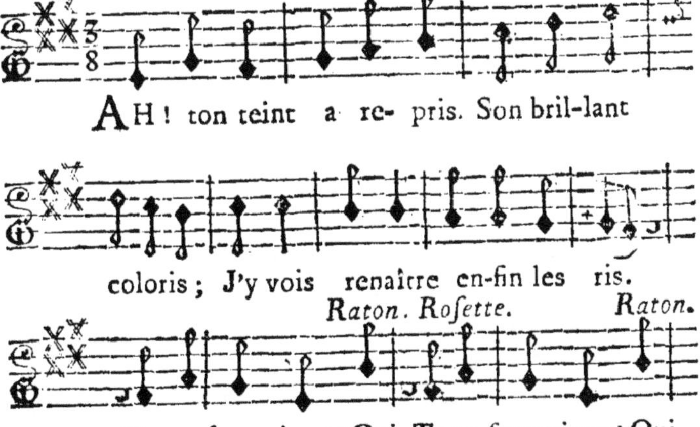

(On danse.)

ROSETTE, à RATON.

Ariette : *Cola ful praticello.* Noté. Nᵒ. 6.

Vois fous cette verdure
Cette onde vive & pure
Qui coule, murmure
Sur ces cailloux ;
Les oifeaux jaloux
Imitent fes glou-gloux.
Ainfi nos beaux jours,
Au fein des Amours,
  Vont couler ;
Rien ne les pourra troubler.
Ah ! quand j'y penfe,
Je fens d'avance
Mon cœur qui pétille,
Mon cœur qui fautille, fautille, fautille, fautille,
Comme le ruiffeau que voilà,
Sautille, fautille, fautille....
Raton, mets ta main là.
Tita ta, tita ta.
Sens-tu qu'il fait déjà

Tati tata , ta tita ta.
Dès qu'un Hymen heureux
Aura ferré nos nœuds ,
Les Vallons & les Montagnes ,
Les Forêts & les Campagnes
Seront témoins des flâmes
Qui brûlent dans nos ames.
Plus de contrainte ,
Nous pourrons fans crainte
Nous livrer fans ceffe
A la tendreffe ;
En tous lieux , les Zéphirs
Porteront nos foupirs.
Quel plaifir , quel plaifir ,
Lorfque l'on s'aime !
Nos deux cœurs vont jouir
D'un bien fuprême.
Quel plaifir , quel plaifir ,
Lorfque l'on s'aime !
Dans les airs , les Zéphirs
Porteront nos foupirs.   *(bis.)*

A nos ardeurs fidelles ,
Les tendres Tourterelles
Applaudiront des aîles ,
Et pour nous animer ,
Pour mieux nous enflâmer ,
Dans des momens fi doux ,
Elles feront avec nous ,
  Roucoux.
Rou , rou , rou , rou ,
Elles feront avec nous ,
 Roucoux , roucoux , roucoux.

✗✗✗✗✗✗✗✗✗✗✗✗✗✗✗✗✗✗✗✗✗✗✗✗✗✗

SECOND VAUDEVILLE.

RATON.

PREMIER COUPLET.

NOus n'avons plus rien à craindre,
Mes feux se sont ranimés ;
En cherchant à les éteindre,
Nos jaloux les ont rallumés.
Désormais soyons tranquilles ;
Leurs fureurs sont inutiles :
Ils n'ont fait qu'un bruit éclatant ;
Autant en emporte le vent.

AUTRES COUPLETS,

Chantés par differentes personnes.

II.

Une Mere avec prudence
A sa fille nuit & jour
Ne prêche que l'innocence,
Et lui fait horreur de l'amour.
Mais dans l'âge où l'on soupire ;
Les leçons n'ont plus d'empire.
Vous avez beau dire, Maman ;
Autant en emporte le vent.

I I I.

Ne faites point la conquête
D'un petit Abbé coquet,
Qui semble porter sa tête
Toujours sur le haut d'un piquet.
De ce diseur de sornettes
N'écoutez point les fleurettes :
Il n'a que le ton suffisant ;
Autant en emporte le vent.

I V.

Le jeune Officier sçait plaire ;
Mais aussi vif qu'un éclair,
Sur lui quel fond peut-on faire ?
Ce n'est que du bruit & de l'air.
N'espérez pas qu'il s'engage :
Ce n'est qu'un ardent volage ;
Et l'on s'égare en le suivant :
Autant en emporte le vent.

V.

Ne prenez pas, jeunes Filles,
Le petit Maître manqué.
Il ne vit que de pastilles ;
Il est tout confit, tout musqué.
De ces Amans à l'eau-rose
La tendresse est peu de chose :
On en est la dupe souvent ;
Autant en emporte le vent.

V I.

L'Amant fincere eft timide ;
Mais fa crainte en dit aſſez.
L'Amant volage & perfide
Rend des foins bien plus empreſſés.
D'un amour tendre & fidele ,
D'une conftance éternelle
Il fait vainement le ferment ;
Autant en emporte le vent.

V I I.

Critiquer un badinage ,
C'eft lui faire trop d'honneur :
Meſſieurs , notre foible ouvrage
N'eft pas digne d'un cenfeur.
N'ayez que de l'indulgence ;
On en a fans conféquence
Pour l'amufement d'un inftant :
Autant en emporte le vent.

F I N,

---

*Le Privilége & l'enrégiftrement fe trouvent aux Œuvres
de l'Auteur.*